Jacques Mesnil

Raffael

Meister der Kunst

SEVERUS

Mesnil, Jacques: Raffael. Meister der Kunst
Hamburg, SEVERUS Verlag 2014

ISBN: 978-3-86347-912-1
Druck: SEVERUS Verlag, Hamburg, 2014
Nachdruck der Originalausgabe von 1943

Der SEVERUS Verlag ist ein Imprint der Diplomica Verlag GmbH.

Bibliografische Information der Deutschen Nationalbibliothek:
Die Deutsche Nationalbibliothek verzeichnet diese Publikation in der Deutschen Nationalbibliografie; detaillierte bibliografische Daten sind im Internet über http://dnb.d-nb.de abrufbar.

SEVERUS

1. Der Traum des Ritters
(Um 1498-1500) *London, National Gallery*

Raffael

1483-1520

RAFFAEL galt lange Zeit als der grösste aller Maler; dennoch ist er nicht ein Schöpfer neuer Werte wie Masaccio, Leonardo, Michelangelo oder Giorgione, um nur die Italiener zu nennen. Er ist vielmehr genial in seiner Anpassungsfähigkeit, mit der er die verschiedenen Strömungen der Renaissance in sich aufgenommen und so massvoll zu vereinigen gewusst hat, dass er die Verkörperung des Geistes der Renaissance zu sein schien. Tatsächlich stellt er ihn auch in seinem tiefsten Wesen dar, dem Glauben an eine Harmonie, die den Handlungen der Menschen wie den Bewegungen der Gestirne zugrunde liegt.

Kein anderer verdankte soviel wie er seinen Lehrern und Vorgängern. Er ist im Frühjahr 1483 in Urbino geboren. Dort wurden ihm die Anfangsgründe der Kunst von seinem Vater, Giovanni Santi († 1495) beigebracht, einem mittelmässigen Maler, der jedoch durch seinen Lehrer Melozzo da Forli an die Tradition des Piero della Francesca anknüpfte. Raffaels früheste Jugendwerke scheinen auf einen zweiten Lehrer Timoteo della Vite hinzudeuten, in dessen Werken die umbrische Schule durch Einflüsse der Schulen von Bologna und Ferrara umgeformt war. Doch schon diese kleinen Darstellungen, unter denen das Bildchen aus dem Museum Condé in Chantilly »*Die drei Grazien*« eines der reizvollsten Beispiele ist, zeigen in ihrer eigenartigen Anmut und ihrem ursprünglichen Liebreiz eine ganz

2. Der heilige Michael den Drachen tötend
1504 (1500 ?) *Paris, Louvre*

persönliche Eigenart. Sein dritter Lehrer ist der berühmte Perugino, dessen Malweise er sich völlig aneignete und dessen Typen er soweit übernahm, dass er in dem Hauptwerk seiner Jugend, der *Vermählung der Jungfrau Maria* (1504), nur als ein verfeinerter Perugino erscheint.

Sein Aufenthalt in Florenz von 1504 bis 1508, brachte ihn vollends zur Reife. In Fühlung mit Fra Bartolommeo, Leonardo und Michelangelo wird seine Kunst männlicher und vervollkommnet sich hinsichtlich der Perspektive, Komposition, Anatomie, Plastik und des Reliefs. In dieser Zeit sind einige seiner Meisterwerke entstanden, insbesondere die Madonnenbilder mit dem Jesuskind und dem kleinen Sankt Johannes, in denen sich die Gruppen in pyramidenförmiger Komposition über erlesenen umbrischen Landschaften erheben, deren Raum sich ins Unendliche auszudehnen scheint; zu ihnen gehören: *Die Madonna mit dem Distelfink* des Palazzo Pitti in Florenz und *Die Schöne Gärtnerin* des Louvre.

Als Raffael 1509 nach Rom kommt, ist er im vollen Besitz seiner Ausdrucksmittel und gestaltet in den Fresken: *Der Triumph der Religion, Die Schule von Athen* und *Der Parnass*, mit denen er die erste der Stanzen, »Kammern« des Vatikans, genannt »Kammer der Signatur« ausschmückt, eine Synthese der Renaissance sowohl formaler Art in der Strenge, der wissenschaftlichen Perspektive und der harmonischen Ausgeglichenheit des Ganzen als auch geistiger Natur in der Gleichwertigkeit von Christentum und antiker Philosophie, Gleichwertigkeit von Theologie, Philosophie und Poesie unter der Obhut der Kraft, Vorsicht und Mässigkeit, der menschlichen und besonders männlichen Tugenden.

In der zweiten Kammer zeigt sich seine Meisterschaft dramatischer Darstellung an dem Gleichmass bei aller bewegten Handlung, der Gegenüberstellung der Farbflächen und dem ausdrucksvollen Kontrast

3. Der heilige Georg im Kampf mit dem Drachen
(1504) *Paris, Louvre*

von Licht und Schatten in den Fresken: *Die Vertreibung Heliodors aus dem Tempel* und *Die Befreiung Petri.* Gleichzeitig offenbart sich die höchste Vollendung der Kompositionskunst, insbesondere in der *Messe von Bolsena.*

Zu den schon erwähnten Einflüssen kommt jetzt noch derjenige der venetianischen Malerei hinzu, der sich wahrscheinlich über das Werk seines Rivalen Sebastiano del Piombo, der seit 1511 in Rom weilt, auf ihn auswirkte.

In der dritten Kammer kann man in dem *Brand der Burg* die ausserordentliche Leichtigkeit bewundern, mit der er die Formen des menschlichen Körpers gestaltet; aber gleichzeitig wird hier die nunmehr einsetzende Überlastung des Meisters sichtbar, dessen Schöpfungen immer mehr in den Arbeiten der Schüler untergehen.

Raffael dient in einem Zeitalter, in dem die grössten künstlerischen Bauwerke der Christenheit in Rom ausgeführt werden, zwei bedeutenden Päpsten nacheinander, dem kriegerischen Julius II. († 1513), der bei Michelangelo sein Grabmal und die Deckenmalereien der Sixtinischen Kapelle bestellt hat, und dem kunstsinnigen Leo X., dem Sohn des Lorenzo de' Medici.

Von beiden hat er Porträts tiefgründiger psychologischer Feinheit hinterlassen. Er hat so grossen Erfolg, dass er wie ein Prinz von Höflingen umgeben ist. 1514 tritt er an die Stelle Bramantes, seines Protektors, als Bauleiter des grössten Monumentes der Christenheit, der Sankt-Peterskirche; er überwacht die Ausgrabungen des antiken Rom und plant eine Wiederherstellung. Von allen Seiten wendet man sich an ihn, in den verschiedenartigsten Angelegenheiten wird er zu Rate gezogen und mit Aufträgen überschüttet. Er regt die Ausführung einer grossen Zahl von künstlerischen Arbeiten an, von den Kupferstichen des Marc Anton bis zu den Stucks der Villa Madama, der schönsten

4. Madonna Conestabile della Staffa
(Um 1502-1503) *Petersburg, Ermitage*

Villa, die er hat bauen lassen. Er entwirft die Kartons für die Teppichwebereien, welche die Ausschmückung der Sixtinischen Kapelle vervollständigen sollen und lässt hierbei seiner ausserordentlichen illustrativen Phantasie freien Lauf. Er gibt seinen Schülern Ideen für die Modelle der unzähligen kleinen Kompositionen der Loggien des Vatikans, malt die Galatea und skizziert die Geschichte der Psyche für die Villa Farnesina des reichen Bankiers Agostino Chigi. In dieser seiner letzten Lebensperiode werden die Formen seiner Gestalten skulpturaler, machtvoller und feierlicher; in demselben grossartigen Stil ist auch die heilige Jungfrau in der *Sixtinischen Madonna* gestaltet; und doch bleibt er gleichzeitig naturnahe, denn die *Sixtinische Madonna* wie auch die *Heilige Jungfrau mit dem Stuhle* lassen in ihren robusten Formen an römische Bauernfrauen denken.

Seine Liebenswürdigkeit und sein anziehendes Wesen gewinnen ihm die Freundschaft von Männern und Frauen, und von seinen nahen Beziehungen zu ihnen zeugen meisterhafte Porträts. Doch in der Gesamtheit seiner künstlerischen Arbeit macht sich die Hast wie auch die allzu reichliche Mitarbeit von Schülern, die ihn im Grunde nicht verstehen, bemerkbar.

Das Geschick, das den sorglosen jungen Raffael begünstigte, lässt ihn auch mit 37 Jahren auf dem Gipfel seines Ruhmes sterben, in dem Augenblick, in dem seine Kunst im Absteigen schien und bevor der »Zank der Mönche«, wie Leo X. verächtlich die ersten Kundgebungen Luthers gegen den Ablasshandel nannte, das Ende der Renaissance herbeiführte und die geistige Wende des Abendlandes einleitete.

5. Die drei Grazien
(Um 1500) *Chantilly bei Paris, Museum*

PER molto tempo Raffaello è stato considerato il massimo pittore. Eppure egli non è stato un creatore di nuovi valori, come Masaccio, Michelangelo, Leonardo, Giorgione, per menzionare soltanto alcuni artisti italiani; è piuttosto un geniale assimilatore, che ha saputo assorbire le differenti correnti artistiche della Rinascenza, che ha saputo fonderle in così giuste proporzioni, da parer incarnare lo spirito della Rinascenza e da rappresentarlo effettivamente in quello che ha d'essenziale: la fede in un'armonia che informa gli atti degli uomini così come presiede al movimento degli astri.

Nato a Urbino nel 1483, ebbe i primi rudimenti di educazione artistica dal padre, Giovanni Santi (morto nel 1495), mediocre pittore, che però attraverso il suo maestro Melozzo da Forlì si riattaccava alla tradizione di Piero della Francesca. Le opere della sua prima giovinezza mostrano per chiari indizi che suo secondo maestro fu Timoteo della Vite, nel quale influssi della scuola di Bologna e di Ferrara avevano modificato il fondo umbro della sua arte; ma una grazia tutta speciale e un'incantevole ingenuità conferiscono già alla piccole composizioni del giovinetto, fra cui merita di essere ricordato soprattutto il quadretto assai suggestivo del Museo Condé di Chantilly raffigurante *Le Tre Grazie*, un accento personale. Terzo maestro di Raffaello fu il celebre Perugino, di cui egli imitò la maniera e addottò i tipi, sì da apparire nel capolavoro del suo periodo giovanile, *Lo Sposalizio* (1504), un Perugino più delicato e raffinato.

Il soggiorno a Firenze, dal 1504 al 1508, portò alla piena maturazione del suo genio: a contatto con Fra Bartolommeo, Leonardo, Michelangelo la sua arte acquista un carattere più virile e si perfeziona, tanto dal punto di vista della prospettiva e della composizione, quanto

6. Die Verkündigung
Aus der Predella zum Altarbild der Krönung Mariä (1503) *Rom, Vatikan*

da quello dell'anatomia, della plasticità e del rilievo. A quest'epoca risalgono alcuni suoi capilavori, segnatamente i gruppi della Madonna col Bambino Gesù e il San Giovannino, disposti in forma piramidale e dominanti sullo sfondo del paesaggio umbro di squisita poesia, per cui lo spazio sembra ampliarsi all'infinito, come nella *Madonna del Cardellino* del Palazzo Pitti di Firenze e nella *Bella Giardiniera* del Museo del Louvre.

Quando nel 1509 Raffaello giunge a Roma, egli è ormai nel pieno possesso dei suoi mezzi e negli affreschi della prima delle »Stanze« ch'egli dipinge nel Vaticano, detta »Stanza delle Segnature«, — nella *Disputa del Sacramento*, nella *Scuola d'Atene*, nel *Parnaso*, egli crea una sintesi di spiriti e forme del Rinascimento. Dal punto di vista formale infatti notiamo giustezza delle proporzioni, scienza della prospettiva, equilibrio armonioso dell'insieme. E nei riguardi delle idee gli affreschi sono la proclamazione dell'eguaglianza del Cristianesimo e della filosofia antica nonché dell'eguaglianza della Teologia, della Filosofia e della Poesia sotto gli auspici della Forza, della Prudenza e della Temperanza, virtù umane, virtù virili.

Nella seconda Stanza, con *La Cacciata di Eliodoro dal Tempio* e *La Liberazione di San Pietro*, si afferma la sua padronanza degli elementi drammatici: l'equilibrio nei movimenti rapidi, il contrasto delle masse di colore, l'opposizione espressiva di luci e di ombre. Inoltre si manifesta di nuovo, soprattutto nel *Miracolo di Bolsena*, un'arte perfetta della composizione. Alle influenze già segnalate si aggiunge ora quella della pittura veneziana, veduta senza dubbio attraverso l'opera del suo rivale Sebastiano del Piombo, che soggiornò a Roma a partire dal 1511.

7. Die vier Sibyllen
(1514) *Rom, Sa. Maria della Pace (Cappella Chigi)*

Finalmente, nella terza Stanza, *L'Incendio di Borgo* mostra con quanta duttilità Raffaello sappia maneggiare le forme del corpo umano, sebbene in questa Stanza l'opera degli scolari finisca col sommergere le creazioni del maestro ormai sovraccarico di lavoro.

A Roma dove in quel momento si compiono i più vasti lavori artistici della Cristianità Raffaello serve successivamente due papi illustri: il papa guerriero Giulio II, che ha ordinato a Michelangelo la sua tomba e gli affreschi della volta della Cappella Sistina, e Leone X, il fine conoscitore d'arte, figlio di Lorenzo il Magnifico. Di questi due papi Raffaello ci ha lasciato dei ritratti bellissimi per intuito psicologico. Tale è il suo successo ch'egli stesso vive come un principe circondato da una folla di cortigiani. Nel 1514 succede a Bramante, suo protettore, nella direzione dei lavori del più grandioso monumento del mondo cristiano, la cattedrale di San Pietro; presiede agli scavi della Roma antica e ne progetta la ricostruzione. Da tutte le parti viene sollecitato, consultato intorno agli oggetti e argomenti più disparati, soffocato di ordinazioni e incarichi. E' l'ispiratore d'una quantità di opere d'arte, dalle incisioni di Marc'Antonio agli stucchi di Villa Madama, la più notevole delle ville da lui erette. Abbozza i cartoni delle tappezzerie destinate a completare la decorazione della Cappella Sistina. Lasciando libero corso alla sua straordinaria fantasia di illustratore fornisce una folla d'idee ai suoi scolari per i modelli delle innumerevoli piccole composizioni delle »Logge« del Vaticano; dipinge la *Galatea* e abbozza *La Storia di Psiche* per la Farnesina, la villa del ricchissimo banchiere Agostino Chigi. In quest'ultimo periodo della sua vita, le forme delle sue figure si fanno sempre più scultoree, più potenti e solenni ed è con un accento trionfale ch'egli esalta la

8. Die Staatsmänner Navagero und Beazzano
(1516) *Rom, Palazzo Doria*

Vergine nella *Madonna Sistina*. Ma al tempo stesso egli continua a rimanere vicino alla natura: infatti i modelli della Madonna Sistina, come pure della *Madonna della Seggiola* ci fanno pensare al tipo robusto delle contadine romane.

La sua gentilezza, il suo fascino lo rendono grato e caro a donne e uomini, e i ritratti che testimoniano dei suoi affetti come la *Donna Velata* della Galleria Pitti e il *Baldassarre Castiglioni* del Louvre, sono degli autentici capilavori. Ma nel complesso della sua produzione dell'ultimo periodo si avvertono sempre più la fretta e la collaborazione troppo abbondante degli scolari che in fondo non lo comprendono.

Giovane felice favorito dal destino Raffaello ebbe tutte le venture, anche quella di morire nel fiore degli anni, a trentassette anni, al momento cioè in cui la qualità della sua arte si avviava al declino, e prima che la »contesa dei frati« come diceva sprezzantemente Leon Decimo quando scoppiarono le prime lotte contro le indulgenze da parte di Lutero, travolgesse il sereno mondo del Rinascimento e iniziasse una nuova epoca nella storia della civiltà occidentale.

9. Die Erschaffung Evas
(1516-1518) *Rom, Loggien des Vatikans*

RAPHAËL a longtemps passé pour le plus grand des peintres. Et cependant ce n'est pas un créateur de valeurs nouvelles, comme Masaccio, Léonard, Michel-Ange ou Giorgione pour ne parler que des Italiens; c'est un assimilateur de génie, qui a si bien absorbé les différents courants artistiques de la Renaissance, qui a su les unir dans de si justes proportions, qu'il a paru incarner l'esprit de la Renaissance, et qu'il l'a effectivement représenté dans ce qu'il a d'essentiel: la croyance en une harmonie qui préside aux actions des hommes comme aux mouvements des astres.

Nul ne dut autant que lui à ses maîtres et à ses devanciers. Né à Urbin en 1483, il reçut les premiers éléments d'éducation artistique de son père, Giovanni Santi († 1495), peintre médiocre, mais qui, par son maître Melozzo da Forli, se rattachait à la tradition de Piero della Francesca. Les œuvres de sa prime jeunesse paraissent indiquer que son second maître fut Timotéo della Vite, chez qui des influences de l'école de Bologne et de Ferrare avaient modifié le fond ombrien: mais une grâce toute spéciale, un charme ingénu, donnent déjà à ces petites compositions, dont le tableautin du musée Condé à Chantilly, figurant *les Trois Grâces*, est l'un des exemples les plus séduisants, un accent qui lui est personnel; le troisième de ses maîtres, c'est le célèbre Pérugin, dont il épousa la manière et adopta les types au point d'apparaître dans le chef-d'œuvre de sa jeunesse, *le Mariage de la Sainte Vierge* (1504), tel qu'un Pérugin plus subtil et plus raffiné.

Le séjour qu'il fit à Florence, de 1504 à 1508, acheva de le mûrir; au contact de Fra Bartolommeo, de Léonard, de Michel-Ange il se virilise et se perfectionne, tant au point de vue de la perspective

10. Der Sündenfall
Rom, Loggien des Vatikans

et de la composition qu'à celui de l'anatomie, de la plastique et du relief. A cette époque remontent quelques-uns de ses chefs-d'œuvre, notamment ces groupes de la Madone avec l'Enfant Jésus et le petit saint Jean, de forme pyramidale, dominant des paysages ombriens exquis, où l'espace semble s'amplifier à l'infini, telle la *Madone au Chardonneret* du Palais Pitti à Florence et *la Belle Jardinière* du Musée du Louvre.

Quand il arrive à Rome, en 1509, il est pleinement maitre de ses moyens et, dans les fresques de la première des « chambres » qu'il peint au Vatican, dite « Chambre de la Signature » : *le Triomphe de la Religion*, *l'Ecole d'Athènes* et *le Parnasse*, c'est une synthèse de la Renaissance qu'il crée, tant au point de vue de la forme : justesse des proportions, science de la perspective, balancement harmonieux de l'ensemble, qu'au point de vue des idées : égalité du Christianisme et de la philosophie antique, égalité de la Théologie, de la Philosophie et de la Poésie sous les auspices de la Force, de la Prudence et de la Tempérence, vertus humaines, vertus viriles.

Dans la seconde Chambre, avec *Héliodore chassé du Temple* et *La Délivrance de saint Pierre*, s'affirme sa maîtrise des éléments dramatiques : l'équilibre dans les mouvements rapides, le contraste des masses colorées, l'opposition expressive des lumières et des ombres, en mêmes temps que se manifeste de nouveau, surtout dans *la Messe de Bolsène*, l'art le plus accompli de la composition.

Aux influences déjà signalées s'ajoute ici celle de la peinture vénitienne, vue sans doute à travers l'œuvre de son rival Sebastiano del Piombo, qui séjournait à Rome depuis 1511.

Enfin, dans la troisième Chambre, *l'incendie du Bourg* fait voir avec

11. Die Rettung des Moses
Rom, Loggien des Vatikans

quelle souplesse il manie les formes du corps humain, mais dans cette chambre déjà le travail des élèves submerge les créations du maître désormais surchargé de besogne.

A Rome, où se font en ce moment les plus grands travaux artistiques de la chrétienté Raphaël sert successivement deux papes illustres : Jules II († 1513), le pape guerrier, qui a commandé à Michel-Ange son tombeau et les peintures du plafond de la Chapelle Sixtine, et Léon X, le fin connaisseur d'objets d'art, fils de Laurent de Médicis.

Il nous a laissé de tous deux des portraits d'une psychologie profonde. Son succès est tel qu'il est lui-même comme un prince, entouré de courtisans. Il succède en 1514 à Bramante, son protecteur, dans la direction des travaux du plus vaste monument du monde chrétien, la cathédrale de Saint-Pierre ; il préside aux fouilles de la Rome antique et en projette la reconstitution. On le sollicite de toutes parts, on le consulte sur les objets les plus divers, on l'accable de commandes. Il est l'inspirateur d'une foule d'œuvres d'art, depuis les gravures de Marc-Antoine, jusqu'aux stucs de la villa Madame, la plus remarquable des villas qu'il a élevées.

Il conçoit les cartons des tapisseries destinées à compléter la décoration de la chapelle Sixtine; laissant libre cours à son extraordinaire fantaisie d'illustrateur, il donne des idées à ses élèves pour les modèles des innombrables petites compositions des « Loges » du Vatican; il peint la *Galatée* et esquisse l'*Histoire de Psyché* pour la Farnésine, villa du richissime banquier Agostino Chigi. Dans cette dernière période de sa vie, les formes de ses figures deviennent plus puissantes et plus solennelles et c'est sur le mode triomphal qu'il chante la Vierge-Mère dans *la Madone*

12. Isaak und Rebekka
Rom, Loggien des Vatikans

Sixtine. Mais il reste en même temps très près de la nature, car *la Madone Sixtine*, comme *la Vierge à la chaise*, est de la race robuste des paysannes romaines.

Son amabilité et son charme le font rechercher des hommes et des femmes et les portraits qui témoignent de ses affections, sont des chefs-d'œuvre. Mais dans l'ensemble de sa production la hâte se fait de plus en plus sentir, ainsi que la trop copieuse participation d'élèves qui, au fond, ne le comprennent pas.

Heureux jeune homme, favorisé par le Destin, Raphaël aura eu toutes les chances, même celle de mourir à trente-sept ans, au moment où la qualité de son art commençait à baisser et avant que la « querelle de moines », comme disait dédaigneusement Léon X lors des premières manifestations de Luther contre le trafic des indulgences, n'eût introduit, dans le domaine de l'esprit, une ère nouvelle en Occident.

13. Die Krönung der Maria
(1503) *Rom, Vatikan*

14. Die Vermählung der Jungfrau Maria
(1504) *Mailand, Brera*

15. Madonna mit dem Kinde und dem kleinen Johannes
(Um 1505) *Berlin, Kaiser-Friedrich-Museum*

16. Bildnis des Angelo Doni
(Um 1505) *Florenz, Palazzo Pitti*

17. Bildnis der Maddalena Doni
(Um 1505) *Florenz, Palazzo Pitti*

18. Die Madonna del Granduca
(Um 1505) *Florenz, Palazzo Pitti*

19. Die Madonna mit dem Distelfink
(1506) *Florenz, Uffizien*

20. Selbstbildnis Raffaels
(Um 1506) *Florenz, Uffizien*

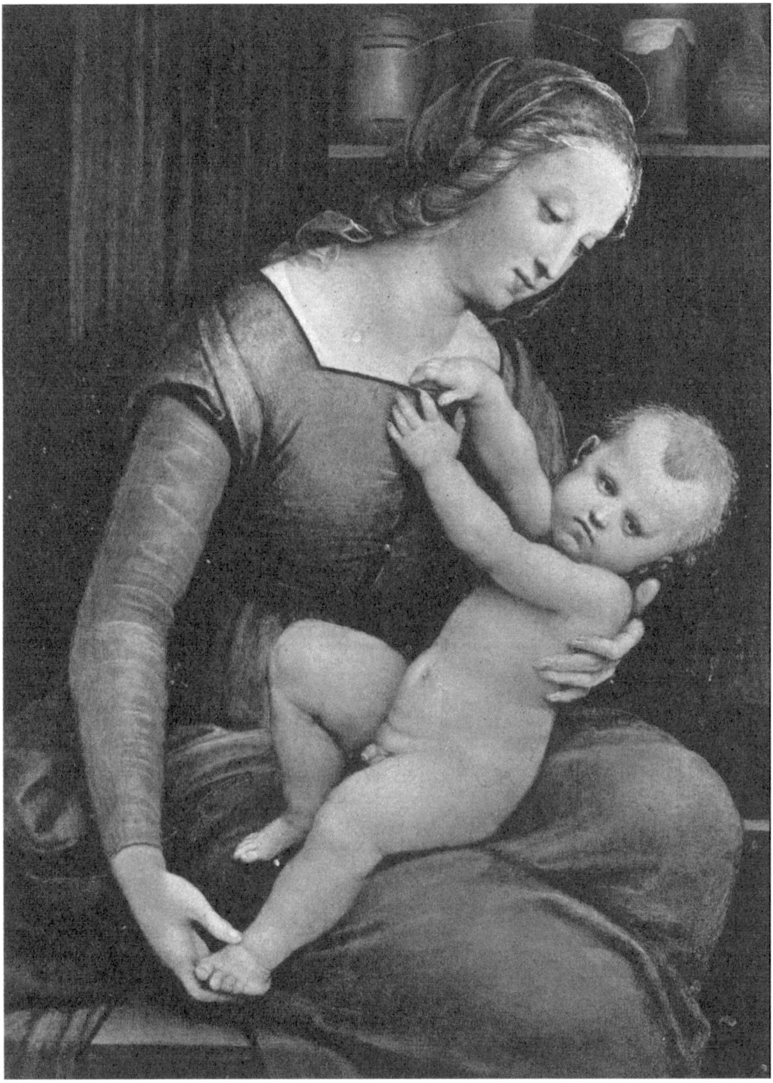

21. Die Madonna aus dem Hause Orleans
(Um 1506) *Chantilly bei Paris, Musée Condé*

22. Die heilige Familie aus dem Hause Canigiani
(Um 1506) *München, Alte Pinakothek*

23. Maria mit dem Kinde und dem kleinen Johannes (Die schöne Gärtnerin)
(1507) *Paris, Louvre*

24. Die Grablegung Christi
(1507) *Rom, Galerie Borghese*

25. Maria mit dem Kinde und Johannes (Madonna aus dem Hause Alba)
(Um 1508) *Washington, Collection Mellon*

26. Madonna mit dem Kinde und St. Johannes
(Um 1508) *London, National Gallery*

27. Papst Julius II.
(Um 1510) *Florenz, Palazzo Pitti*

28. Stanza della Segnatura
(1508-1511) *Rom, Vatikan*

29. Der Triumph der Religion
Rom, Vatikan (Stanza della Segnatura)

30. Der Triumph der Religion
(Ausschnitt)

31. Der Triumph der Religion
(Ausschnitt)

32. Der Triumph der Religion - Der Kopf von Dante
(Ausschnitt)

33. Die Schule von Athen
Rom, Vatikan (Stanza della Segnatura)

34. Die Schule von Athen
(Ausschnitt)

35. Die Schule von Athen
(Ausschnitt)

36. Der Parnass
Rom, Vatikan (Stanza della Segnatura)

37. Der Parnass
Ausschnitt: Dante, Homer und Virgil

38. Stärke, Wahrheit, Mässigung
Rom, Vatikan (Stanza della Segnatura)

39. Die Madonna von Foligno
(1511) *Rom, Vatikan*

40. Der Triumph der Galatea
(1514) *Rom, Villa Farnesina*

41. Tommaso Inghirami
(Um 1514) *Florenz, Palazzo Pitti*

42. Die Vertreibung des Heliodor aus dem Tempel
(1512-1514) *Rom, Vatikan (Stanza d'Eliodoro)*

43. Die Vertreibung des Heliodor aus dem Tempel
(Ausschnitt)

44. Die Vertreibung des Heliodor aus dem Tempel
(Ausschnitt)

45. Die Messe von Bolsena
(1512-1514) *Rom, Vatikan (Stanza d'Eliodoro)*

46. Die Messe von Bolsena
(Ausschnitt)

47. Die Messe von Bolsena
(Ausschnitt)

48. Die Befreiung Petri
(1512–1514) *Rom, Vatikan (Stanza d'Eliodoro)*

49. Die Befreiung Petri
(Ausschnitt)

50. Die Befreiung Petri
(Ausschnitt)

51. Madonna della Sedia
(1516) *Florenz, Palazzo Pitti*

52. Die Sixtinische Madonna
(Um 1516) *Dresden, Gemäldegalerie*

53. Papst Leo X. und die Kardinäle Ludovico de' Rossi (rechts) und Giulio de' Medici (links)
(Um 1517-1519) *Florenz, Palazzo Pitti*

54. Der Brand im Borgo
(1514-1517) *Rom, Vatikan (Stanza del' Incendio)*

55. Der Brand im Borgo
(Ausschnitt)

56. Der reiche Fischfang
(1515-1516) *London, South Kensington Museum*

57. Bildnis eines Kardinals
(Um 1518) *Madrid, Prado*

58. Johanna von Aragonien, Gemahlin des Fürsten Ascanio Colonna
(Um 1518) *Paris, Louvre*

59. Die Grosse Heilige Familie
(1518) *Paris, Louvre*

60. Die Verklärung Christi
(1517-1522) *Rom, Vatikan*